shkolla - 學校	2
udhëtim - 旅行	5
transport - 交通運送	8
qytet - 城市	10
peisazh - 地形	14
restorant - 餐館	17
supermarket - 超市	20
pije - 飲料	22
ushqim - 食物	23
fermë - 農場	27
shtëpi - 房子	31
dhomë ndenjeje - 客廳	33
kuzhinë - 廚房	35
tualet - 浴室	38
dhomë fëmijësh - 兒童房	42
veshje - 衣服	44
zyrë - 辦公室	49
ekonomi - 經濟	51
profesionet - 職業	53
mjete - 工具	56
instrumenta muzikorë - 樂器	57
kopsht zoologjik - 動物園	59
sportet - 體育	62
aktivitet - 活動	63
familje - 家	67
trupi - 身體	68
spital - 醫院	72
emergjencë - 緊急情形	76
toka - 地球	77
orë - 鐘錶	79
javë - 週	80
vit - 年	81
forma - 形狀	83
ngjyra - 顏色	84
të kundërta - 反義詞	85
numra - 數字	88
gjuhët - 語言	90
kush / çfarë / si - 誰/什麼/如何	91
ku - 方位	92

Impressum
Verlag: BABADADA GmbH, Nedderfeld 112 , 22529 Hamburg
Geschäftsführer / Verlagsleitung: Harald Hof
Druck: Books on Demand GmbH, In de Tarpen 42, 22848 Norderstedt

Imprint
Publisher: BABADADA GmbH, Nedderfeld 112 , 22529 Hamburg, Germany
Managing Director / Publishing direction: Harald Hof
Print: Books on Demand GmbH, In de Tarpen 42, 22848 Norderstedt

shkolla

學校

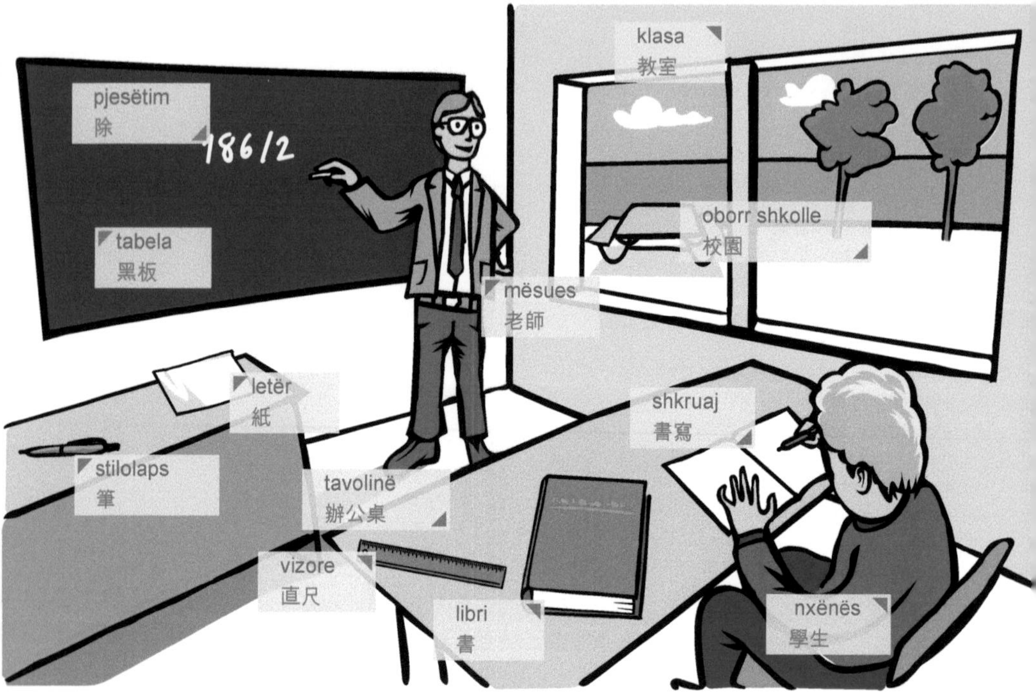

klasa
教室
pjesëtim
除
186/2
tabela
黑板
oborr shkolle
校園
mësues
老師
letër
紙
shkruaj
書寫
stilolaps
筆
tavolinë
辦公桌
vizore
直尺
libri
書
nxënës
學生

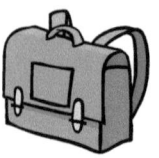

çantë
書包

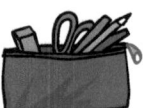

mbajtëse lapsash
鉛筆盒

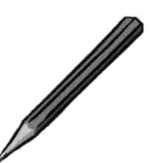

laps
鉛筆

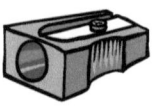

mprehës lapsash
削鉛筆機

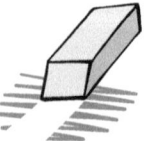

gomë
橡皮擦

fletore vizatimi
畫板

vizatim

圖畫

penel

畫筆

kuti bojërash

顏料盒

gërshërë

剪刀

ngjitës

膠水

fletore detyrash

練習冊

detyrë shtëpie

家庭作業

numër

數字

mbledh

加

zbres

減

shumëzoj

乘

llogaris

計算

gërmë

字母

alfabeti

字母表

fjalë

字

tekst

課文

lexoj

讀

shkumës

粉筆

mësim

上課

regjistër

登記

provim

考試

çertifikatë

證書

uniformë shkolle

校服

arsimim

教育

enciklopedia

百科全書

universitet

大學

mikroskop

顯微鏡

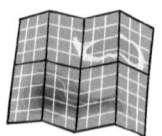

hartë

地圖

kosh letrash

廢紙簍

udhëtim
旅行

hotel
飯店
Grand
bujtinë
青年旅社
ROOMS
pikë këmbimi valutor
外幣兌換處
valixhe
手提箱
makinë
汽車

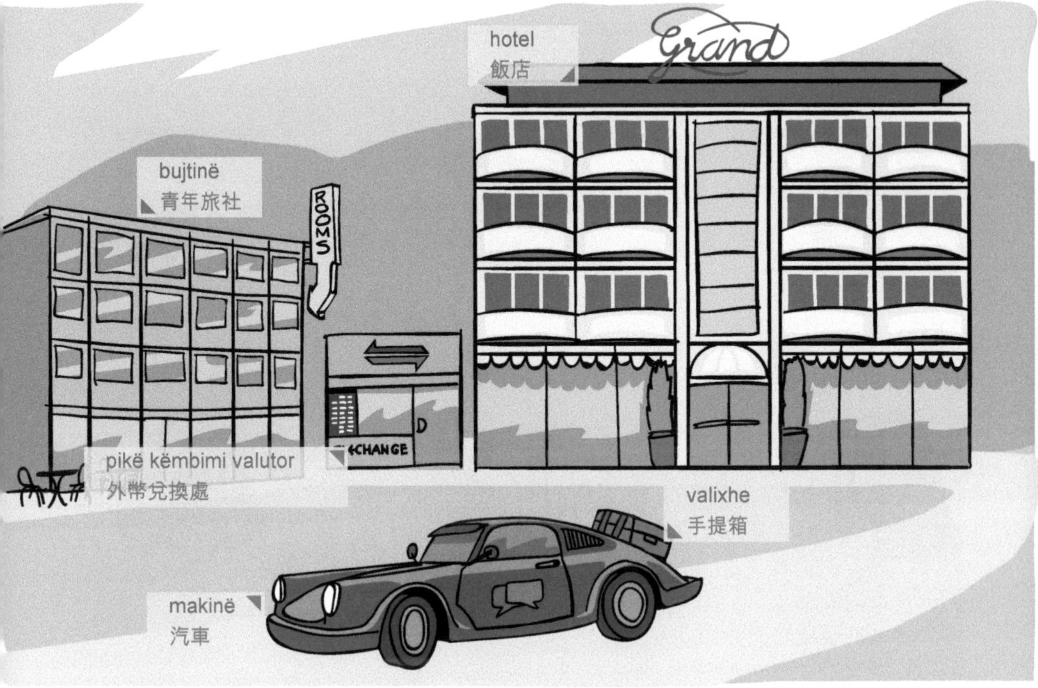

gjuhë

語言

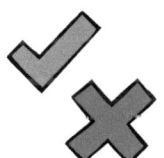

po / jo

是/否

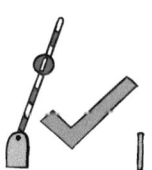

Në rregull

好的

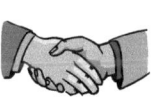

ç'kemi

您好

përkthyes

翻譯人員

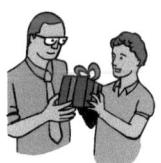

Faleminderit

謝謝

sa kushton…?

......多少錢？

nuk e kuptoj

我不明白

problem

問題

Mirëmbrëma!

晚上好！

Mirëmëngjes!

早上好！

Natën e mirë!

晚安！

mirupafshim

再見

drejtim

方向

bagazhet

行李

çantë

包

çantë shpine

背包

mysafir

客人

dhomë

房間

thes gjumi

睡袋

tendë

帳篷

informacion për turistët

旅行資訊

plazh

海灘

kartë krediti

信用卡

mëngjes

早餐

drekë

午餐

darkë

晚餐

Biletë

票

ashensor

電梯

pulla

郵票

kufi

邊界

doganë

海關

ambasadë

大使館

vizë

簽證

pasaportë

護照

transport
交通運送

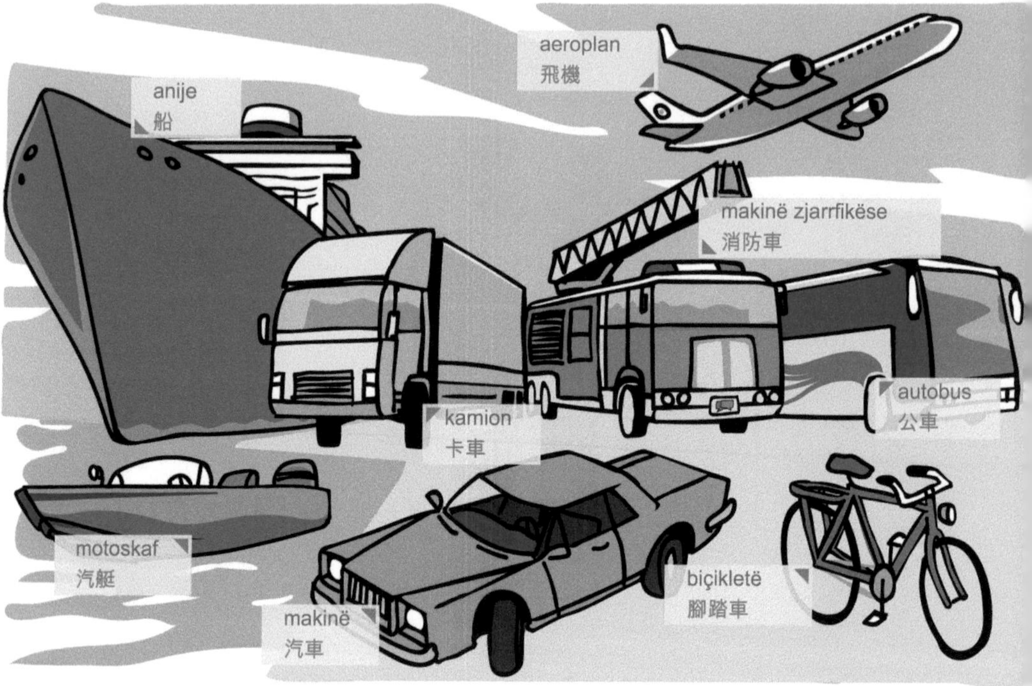

aeroplan
飛機
anije
船
makinë zjarrfikëse
消防車
kamion
卡車
autobus
公車
motoskaf
汽艇
biçikletë
腳踏車
makinë
汽車

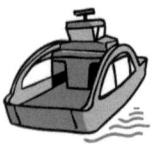

traget

渡輪

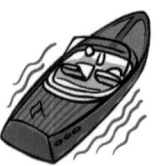

varkë

小船

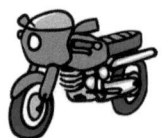

motoçikletë

機車

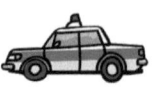

makinë policie

警車

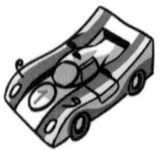

makinë garash

賽車

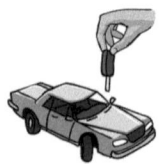

makinë me qira

租車

ndarje e qirasë së makinës

拼車

karroatrec

拖車

makinë plehrash

垃圾車

motor

馬達

benzinë

汽油

pikë karburanti

加油站

sinjalistikë trafiku

交通標識

trafik

交通

bllokim trafiku

交通堵塞

parklm makınash

停車場

stacion treni

火車站

trase

軌道

tren

火車

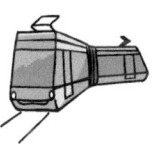

tramvaj

路面電車

karro

客車廂

helikopter

直升機

aeroport

機場

kullë

塔

pasagjer

乘客

kontenier

集裝箱

kuti kartoni

紙板箱

qerre

手推車

shportë

籃子

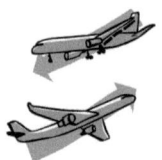

ngrihem / ulem

起飛/降落

qytet

城市

fshat

村莊

qendra e qytetit

市中心

shtëpi

房子

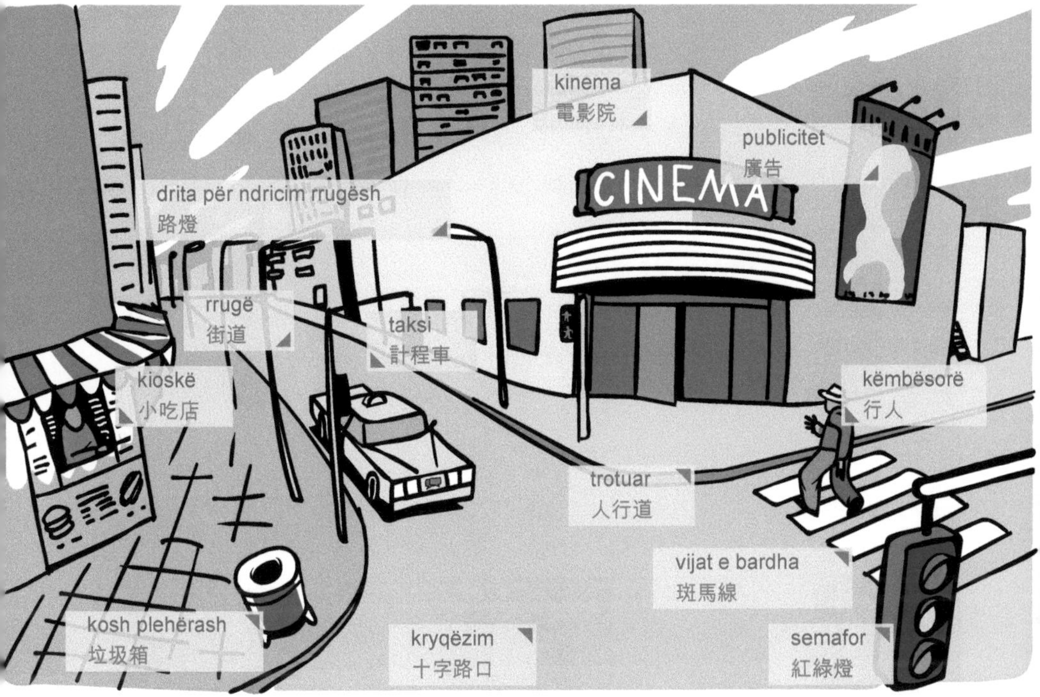
kinema
電影院
publicitet
廣告
drita për ndricim rrugësh
路燈
rrugë
街道
taksi
計程車
kioskë
小吃店
këmbësorë
行人
trotuar
人行道
vijat e bardha
斑馬線
kosh plehërash
垃圾箱
kryqëzim
十字路口
semafor
紅綠燈
CINEMA

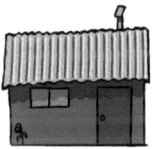

kasolle
小屋

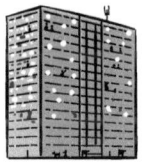

apartament
公寓

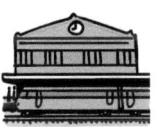

stacion treni
火車站

bashki
市政廳

MUSEUM
muze
博物館

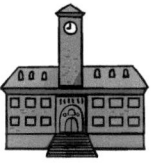

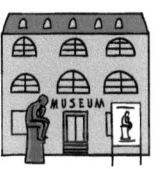

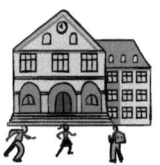

shkolla
學校

universitet

大學

bankë

銀行

spital

醫院

hotel

飯店

farmaci

藥房

zyrë

辦公室

librari

書店

dyqan

商店

dyqan lulesh

花店

supermarket

超市

market

市場

mapo

百貨商店

dyqan peshku

魚店

qëndër tregtare

購物中心

port

海港

park

公園

stol

長凳

urë

橋

shkallë

樓梯

metro

捷運

tunel

隧道

stacion autobuzi

公車站

bar

酒吧

restorant

餐館

kuti postare

郵筒

sinjalistikë rrugore

路標

kohëmatës parkimi

停車計時器

kopsht zoologjik

動物園

pishinë

游泳池

xhami

清真寺

 fermë

農場

ndotje

污染

varrezë

墓地

kishë

教堂

shesh lojërash

操場

tempull

寺廟

peisazh

地形

gjethe
樹葉

tabela orientuese
指示牌

rrugë
路

livadh
草地

gurë
石頭

ekskursionist
徒步旅行者

pemë
樹

lumë
河

bar
草

lule
花

luginë

峽谷

kodër

丘陵

liqen

湖

pyll

森林

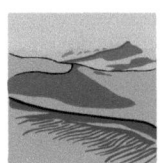

shkretëtirë

沙漠

vullkan

火山

kështjellë

城堡

ylber

彩虹

kepudhë

蘑菇

palmë

棕櫚樹

mushkonjë

蚊子

mizë

蒼蠅

milingonë

螞蟻

bletë

蜜蜂

merimangë

蜘蛛

brumbull

甲蟲

bretkosë

青蛙

ketër

松鼠

iriq

刺蝟

lepur

野兔

buf

貓頭鷹

zog

鳥

mjellmë

天鵝

derr i egër

野豬

dre

鹿

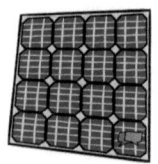

dre brilopatë

麋鹿

digë

水壩

turbinë ere

風力發電機

panel diellor

太陽能電池板

klimë

氣候

kamarier
服務生

menu
菜譜

karrige
椅子

supë
湯

pica
披薩餅

set ngrënieje
餐具

mbulesë tavoline
桌布

pjatë e parë

前菜

pjatë kryesore

主菜

ëmbëlsirë

甜點

pije

飲料

ushqim

食物

shishe

瓶子

ushqim i shpejtë

速食

ushqim i shërbyer në rrugë

街邊小吃

ibrik çaji

茶壺

kuti sheqeri

糖盒

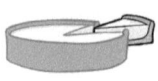

racion

一份飯菜

makinë kafeje ekspres

義式咖啡機

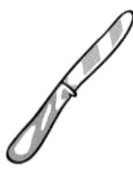

karrige e lartë

高腳椅

faturë

帳單

tabaka

托盤

thika

刀

pirun

餐叉

lugë

勺子

lugë çaji

茶匙

pecetë

餐巾

gotë

玻璃杯

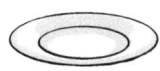

pjatë

碟子

pjatë supe

湯盤

pjatë filxhani

碟子

salcë

醬

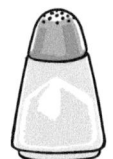

mbajtëse kripe

鹽瓶

mulli piperi

胡椒研磨罐

uthull

醋

vaj

食用油

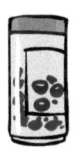

erëza

調味料

keçap

番茄醬

mustardë

芥末

majonezë

美乃滋

supermarket
超市

ofertë speciale
特價
FOR
klient
顧客
produkte bulmeti
乳製品
frut
水果
karrocë pazari
購物車

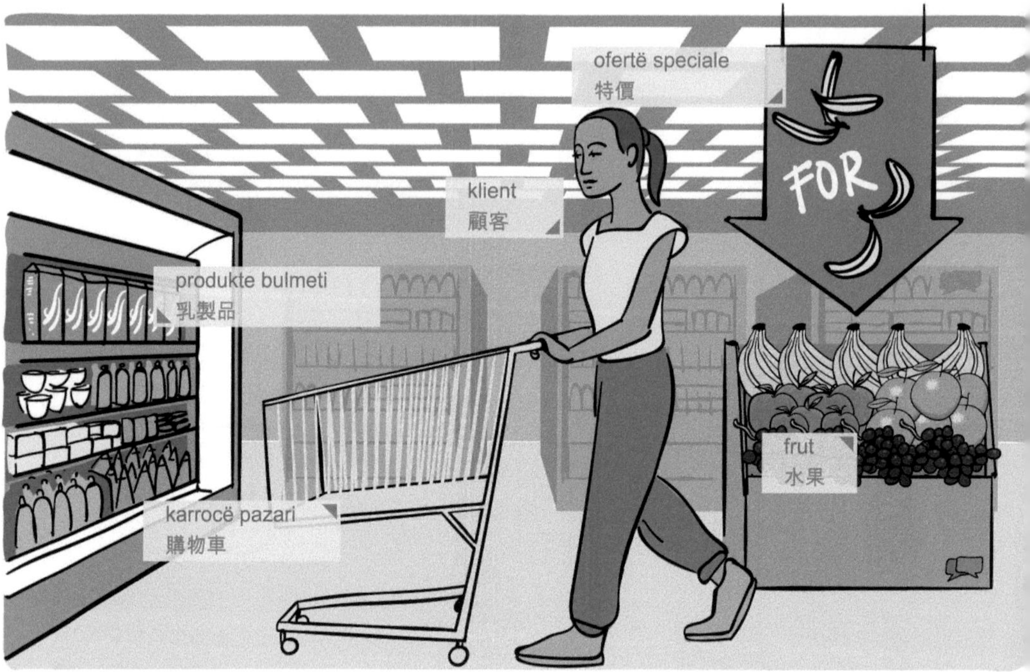

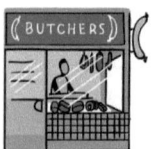

BUTCHERS

dyqan mishi

肉鋪

BAKERY

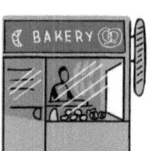

furrë buke

麵包店

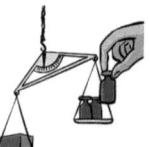

peshoj

稱重

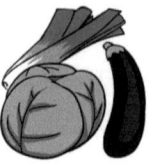

perime

蔬菜

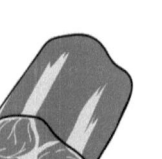

mish

肉

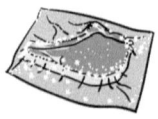

ushqim i ngrirë

冷凍食品

copë

冷盤

ushqim i konservuar

罐頭食品

pluhur larës

洗衣粉

ëmbëlsirat

甜食

prodhime shtëpie

日用品

produkte pastrimi

清潔用品

shitëse

銷售員

kasë fiskale

收銀機

arkëtar

收銀員

listë blerjeje

購物清單

oraret e punës

開放時間

portofol

錢包

kartë krediti

信用卡

çantë

袋子

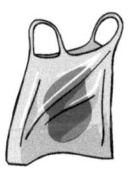

qese plastike

塑膠袋

ujë

水

lëng frutash

果汁

qumësht

牛奶

koka-kola

可樂

verë

紅酒

birrë

啤酒

alkool

酒

kakao

可可

çaj

茶

kafe

咖啡

kafe ekspres

義式濃縮咖啡

kapuçino

卡布奇諾

banane

香蕉

mollë

蘋果

portokalle

柳丁

pjepër

西瓜

limon

檸檬

karrotë

胡蘿蔔

hudhër

大蒜

bambu

竹子

qepë

洋蔥

kërpudha

蘑菇

arra

堅果

makarona

麵條

spageti

義大利麵

oriz

米飯

sallatë

沙拉

patate të skuqura

薯條

patate të skuqura

炸馬鈴薯

pica

披薩餅

hamburger

漢堡

sanduiç

三明治

shnicel

炸豬排

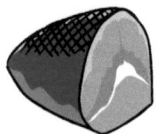

proshutë

火腿

sallam

義大利臘腸

salçiçe

香腸

pulë

雞肉

skuq

烤肉

peshk

魚

tërshërë

燕麥片

drithëra

木斯里

kornfleiks

玉米片

miell

麵粉

kruasant

牛角麵包

panine

麵包捲

bukë

麵包

tost

吐司

biskotë

餅乾

gjalp

奶油

gjizë

凝乳

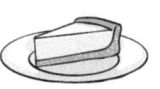

tortë

蛋糕

vezë

蛋

vezë sy

煎蛋

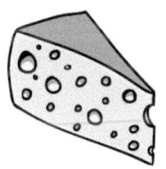

djathë

起司

akullore

冰淇淋

sheqer

糖

mjaltë

蜂蜜

marmaladë

果醬

çokokrem

巧克力醬

këri

咖哩

fermë
農場

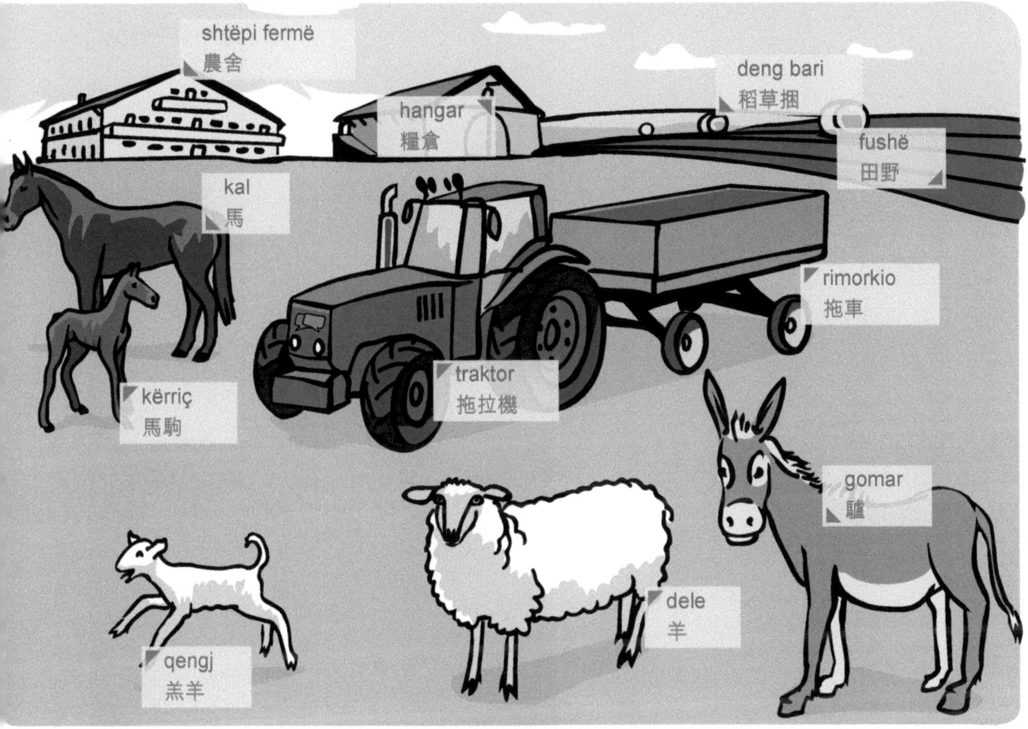
shtëpi fermë
農舍
hangar
糧倉
deng bari
稻草捆
fushë
田野
kal
馬
rimorkio
拖車
traktor
拖拉機
kërriç
馬駒
gomar
驢
dele
羊
qengj
羔羊

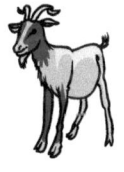

dhi

山羊

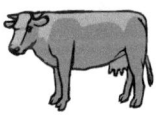

lopë

奶牛

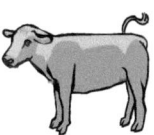

viç

小牛

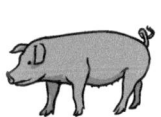

derr

豬

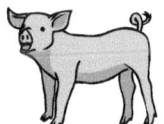

derrkuc

小豬

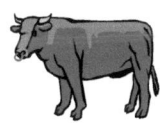

dem

公牛

patë

鵝

rosë

鴨

zog pule

小雞

pulë

母雞

gjel

公雞

mi

鼠

mace

貓

mi

老鼠

buall

牛

qen

狗

kolibe qeni

狗屋

zorrë vaditëse

花園澆水軟管

vaditëse

澆水壺

kosë

長柄大鐮刀

plug

犁

drapër

鐮刀

shat

鋤頭

kosa

長柄草耙

sëpatë

斧頭

karrocë

獨輪手推車

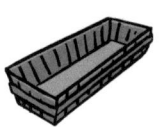

govatë

飼料槽

bidon qumështi

牛奶罐

thes

麻布袋

gardh

柵欄

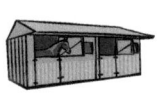

ahur

馬廄

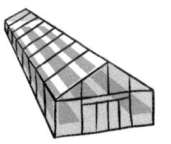

serë

溫室

dhe

土壤

farë

種子

pleh

肥料

autokombanjë

聯合收割機

korr

收割

te korrat

收割

patate e ëmbël "Yam"

地瓜

grurë

小麥

soja

大豆

patate

土豆

misër

玉米

raps

油菜籽

pemë frutore

果樹

zhardhok manioku

樹薯

drithëra

穀物

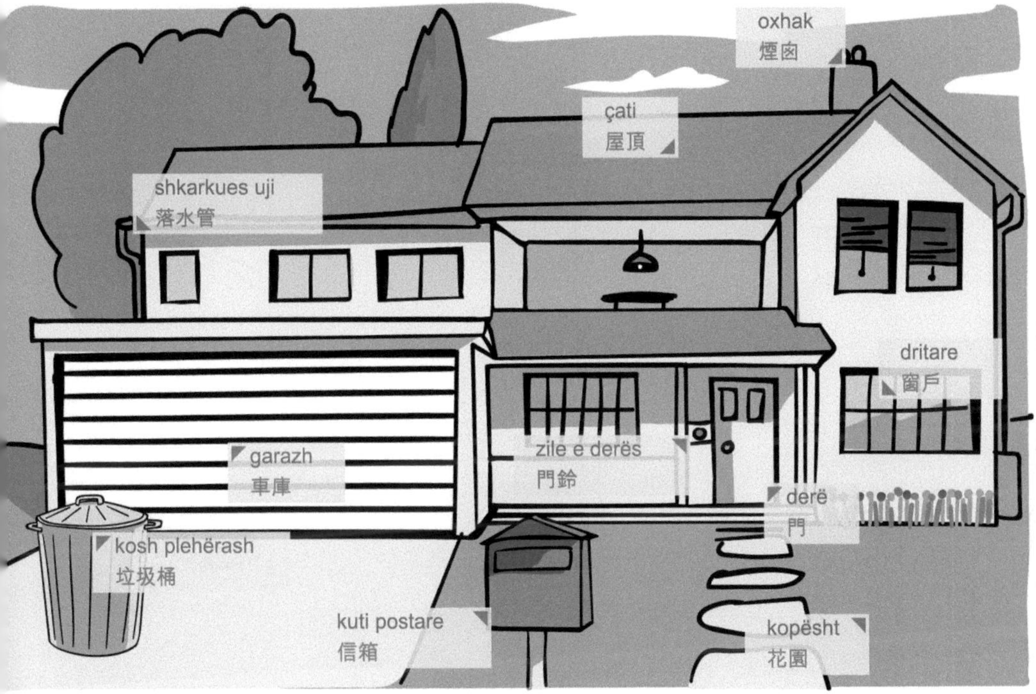

oxhak
煙囪

çati
屋頂

shkarkues uji
落水管

dritare
窗戶

garazh
車庫

zile e derës
門鈴

derë
門

kosh plehërash
垃圾桶

kuti postare
信箱

kopësht
花園

dhomë ndenjeje

客廳

tualet

浴室

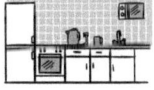

kuzhinë

廚房

dhomë gjumi

臥室

dhomë fëmijësh

兒童房

dhomë ngrënieje

餐廳

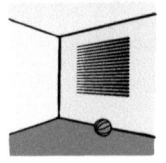

dysheme

地板

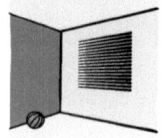

mur

牆壁

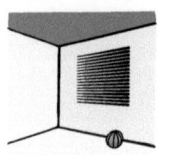

tavan

天花板

bodrum

地窖

sauna

三溫暖

ballkon

陽臺

tarracë

露臺

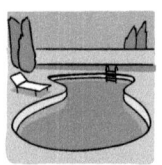

pishinë

游泳池

kositëse bari

割草機

çarçaf

被單

kuvertë

床罩

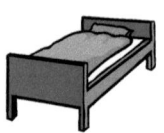

krevat

床

fshesë dore

掃帚

kovë

水桶

çelës

開關

dhomë ndenjeje

客廳

tapiceri
壁紙
fotografi
相片
llambë
檯燈
raft
擱架
dollap
櫥櫃
pajisje televizive
電視
vatër
壁爐
lule
花
jastëk
墊子
divan
沙發
vazo
花瓶
telekomandë
遙控器

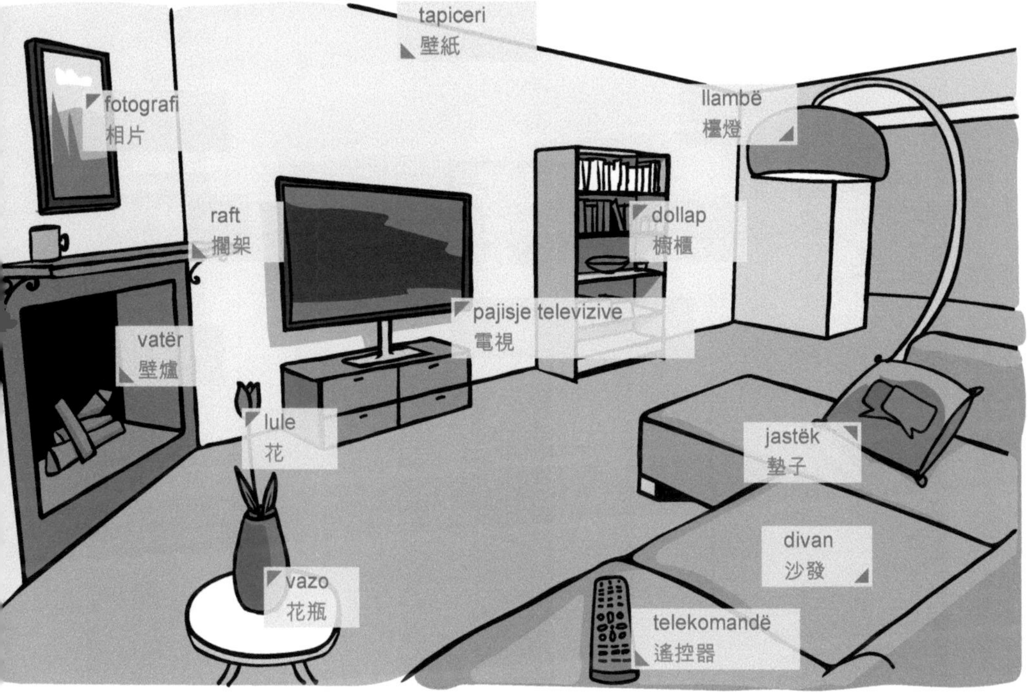

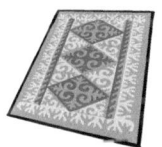

qilim
地毯

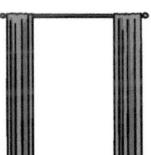

perde
窗簾

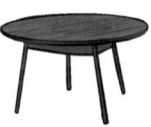

tavolinë
餐桌

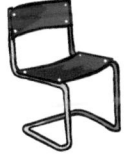

karrige
椅子

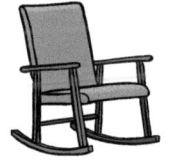

karrige lëkundëse
搖椅

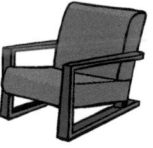

kolltuk
扶手椅

libri

書

batanije

毯子

zbukurime

裝飾品

dru zjarri

木柴

film

電影

stereo

高傳真音響

çelës

鑰匙

gazetë

報紙

pikturë

油畫

afishe

海報

radio

收音機

bllok shënimesh

筆記本

fshesë me korent

吸塵器

kaktus

仙人掌

qiri

蠟燭

kuzhinë
廚房

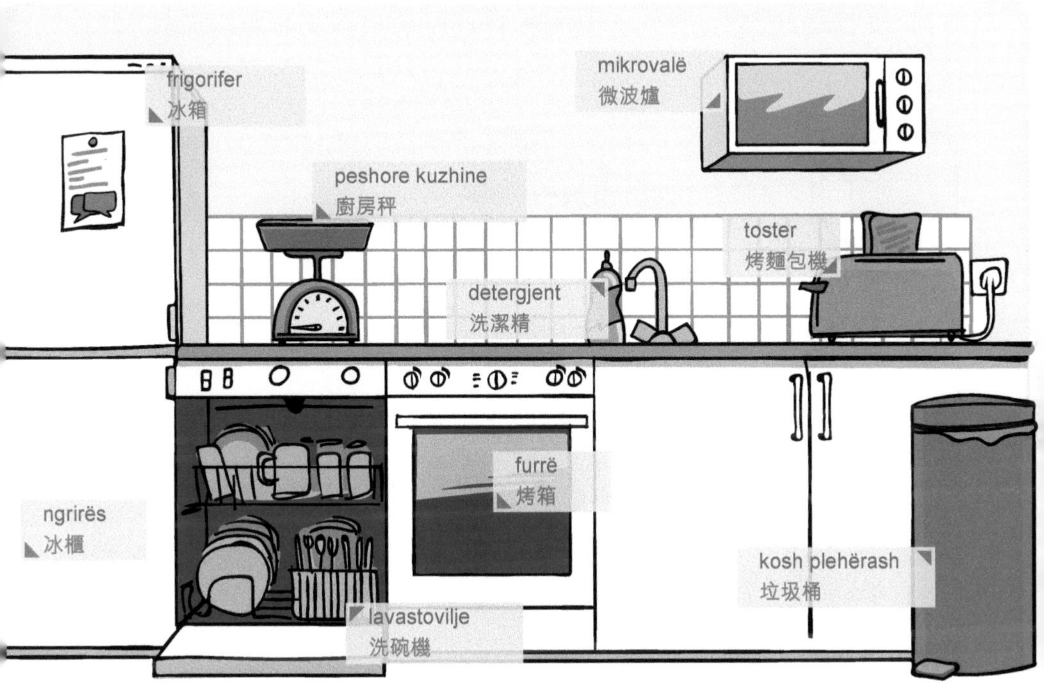

frigorifer
冰箱
mikrovalë
微波爐
peshore kuzhine
廚房秤
toster
烤麵包機
detergjent
洗潔精
furrë
烤箱
ngrirës
冰櫃
kosh plehërash
垃圾桶
lavastovilje
洗碗機

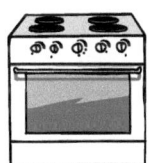

sobë
炊具

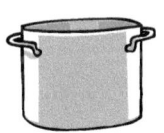

tenxhere
鍋

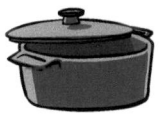

tenxhere me kapak
鑄鐵鍋

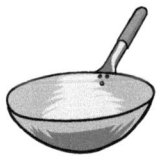

tigan special (Wok)
炒鍋

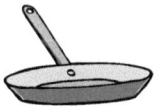

tigan
平底鍋

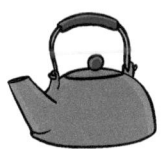

çajnik
水壺

tenxhere me avull

蒸鍋

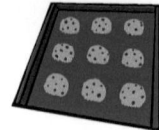

tavë pjekjeje

烤盤

enë

陶瓷鍋

filxhan

馬克杯

tas

碗

shkopinj

筷子

garuzhde

長柄勺

spatul

鏟子

tel kuzhine

攪拌器

kulluese

濾網

sitë

篩子

rende

磨碎機

havan

研缽

skarë

燒烤

zjarr

明火

dërrasë për prerje

菜板

okllai

擀麵杖

heqëse tapash

開瓶器

kanaçe

罐子

hapëse kanaçeje

開罐器

rrobë për të kapur tenxheren

隔熱手套

lavaman

水槽

furçë

刷子

sfungjer

海綿

përzjerës

攪拌機

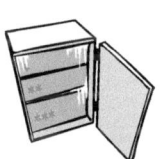

ngrirës

冷藏箱

biberon për lëngje

奶瓶

rubinet

水龍頭

tualet

浴室

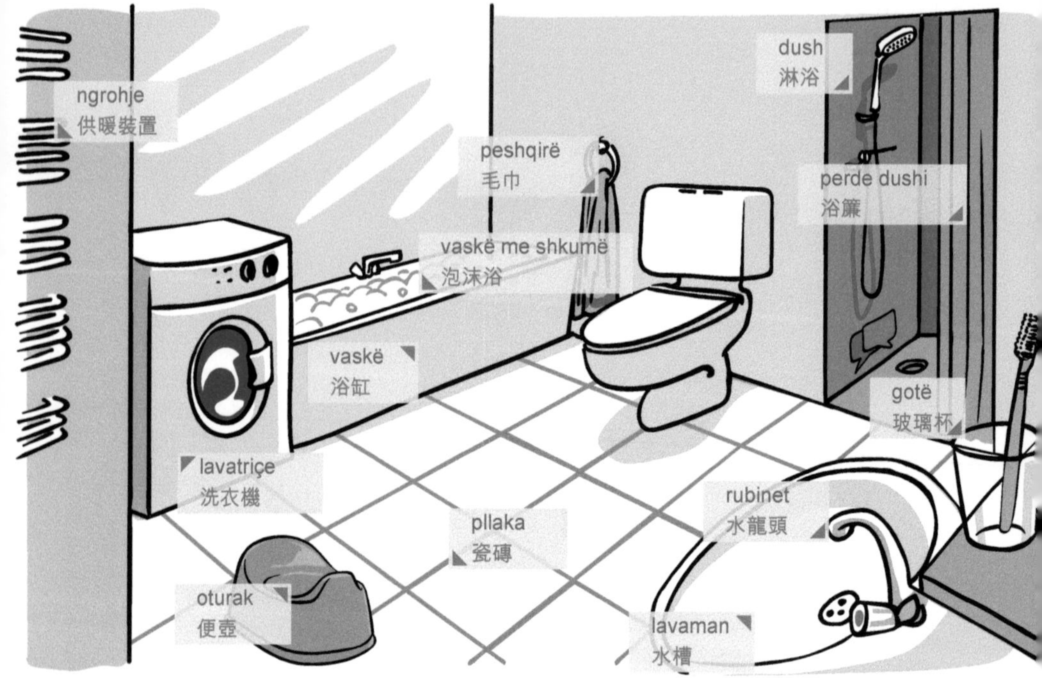

ngrohje
供暖裝置
peshqirë
毛巾
dush
淋浴
perde dushi
浴簾
vaskë me shkumë
泡沫浴
vaskë
浴缸
gotë
玻璃杯
lavatriçe
洗衣機
rubinet
水龍頭
pllaka
瓷磚
oturak
便壺
lavaman
水槽

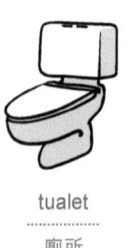

tualet

廁所

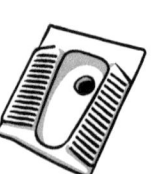

WC e sheshtë

蹲便器

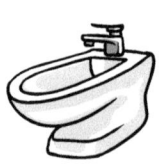

bide

坐浴器

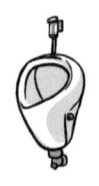

tualet publik

小便斗

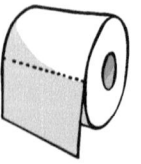

letër higjienike

廁紙

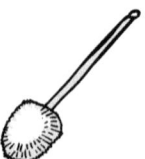

furçe për WC

馬桶刷

furçë dhëmbësh

牙刷

pastë dhëmbësh

牙膏

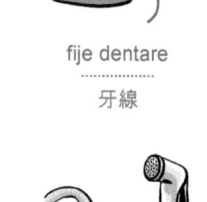

fije dentare

牙線

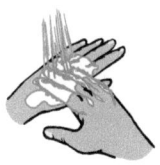

laj

洗

dorezë dushi

手持式蓮蓬頭

larës për zonën intime

沖洗器

legen

洗臉盆

furçë për masazh shpine

洗背刷

sapun

肥皂

shampo trupi

沐浴露

shampo

洗髮乳

leckë pastruese

法蘭絨

kullues

排水

krem

乳霜

antidjersë

除臭劑

pasqyrë

鏡子

pasqyrë dore

手鏡

brisk rroje

刮鬍刀

shkumë rroje

刮鬍泡沫

locion pas rrojes

鬍後水

krehër

梳子

furçë

刷子

tharëse flokësh

吹風機

llak për flokët

噴髮定型劑

grim

化妝品

buzëkuq

唇膏

manikyr

指甲油

mbushje pambuku

化妝棉

gërshërë për thonj

指甲剪

parfum

香水

çantë për sendet personale

洗漱包

Stol

凳子

peshore

計重秤

robëdëshambër

浴袍

dorashka gome

橡膠手套

tampon

衛生棉條

peceta higjienike

衛生棉

tualet I lëvizshëm

化學廁所

dhomë fëmijësh
兒童房

orë me zile
鬧鐘
lodra me pellushë
毛絨玩具
makinë lodër
玩具車
rraketake
撥浪鼓
shtëpi kukullash
玩具屋
dhuratë
禮物

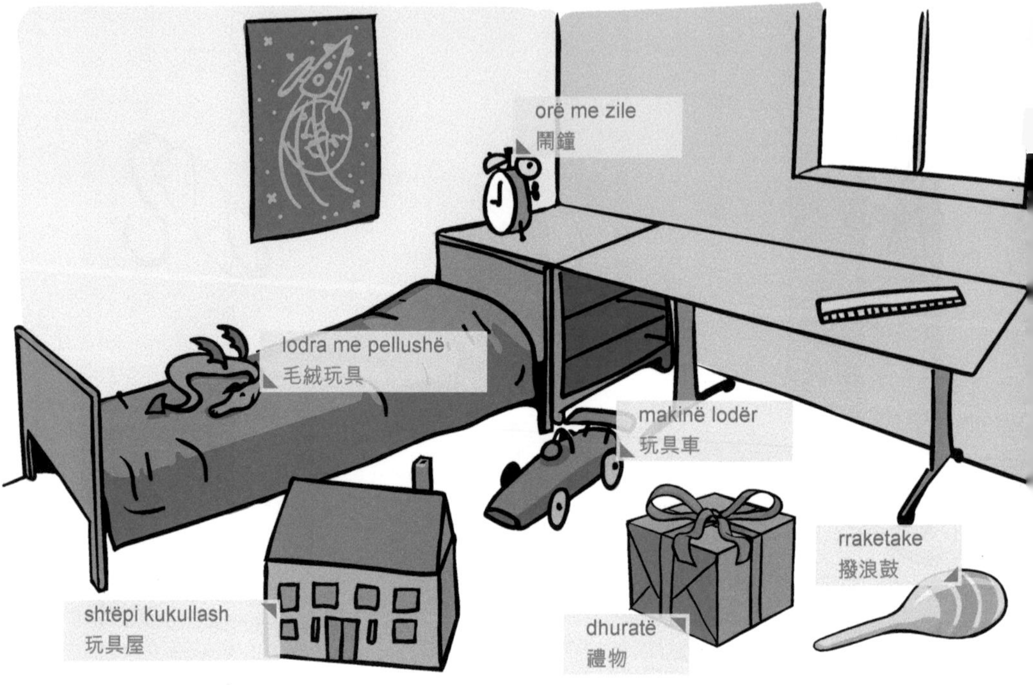

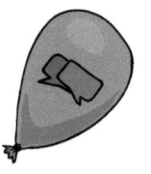

tollumbace

氣球

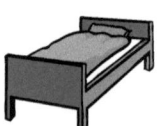

krevat

床

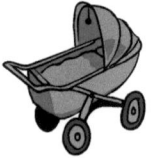

karrocë fëmijësh

嬰兒車

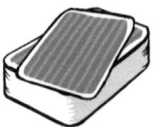

lojë me letra

撲克牌

bashkim pjesësh me figura

拼圖

SUPER MEGA

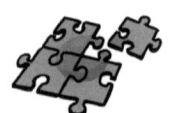

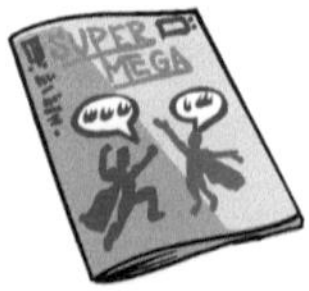

komik

漫畫

formuese lodër

樂高積木

kuba plastikë

積木玩具

lodra

公仔

badi

嬰兒服

frizbi

飛盤

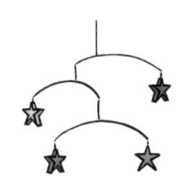

lodra të varura tek krevati i fëmijëve

床鈴玩具

tavolinë lojërash

棋盤遊戲

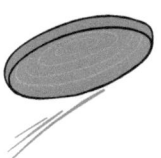

zare

骰子

model treni

火車模型

biberon

安撫奶嘴

festë

派對

libër me ilustrime

繪本

top

球

kukull

洋娃娃

luaj

玩

grumbull rëre

沙坑

kolovarëse

鞦韆

lodra

玩具

leva për lojra video

電玩遊戲

triçikël

三輪車

arush prej pellushi

泰迪熊

garderobë

衣櫃

veshje

衣服

çorape

襪子

çorape të gjata

長襪

geta

緊身褲

shall
圍巾

çadër
雨傘

rrip
皮帶

bluzë pa jakë
T恤

çizme
靴子

pantofla
拖鞋

atlete
運動鞋

sandale
涼鞋

këpucë
鞋

çizme llastiku
雨靴

të mbathura
內褲

reçipeta
胸罩

kanotierë
背心

veshje - 衣服   45

trup

身體

pantallona

褲子

xhinse

牛仔褲

fund

短裙

bluzë

女式襯衫

këmishë

襯衫

pulovër

套頭衫

triko

連帽上衣

xhaketë

西裝夾克

xhaketë

夾克

pallto

外套

mushama shiu

雨衣

kostum

套裝

fustan

連衣裙

fustan nusërie

婚紗

veshje - 衣服

kostum

西裝

këmishë nate

睡袍

pizhama

睡衣

sari (veshje tradicionale indiane)

莎麗

shami koke

頭巾

çallmë

包頭巾

veshje për femrat e besimit musliman

波卡

kaftan (lloj veshjeje tradicionale)

卡夫坦

ferexhe

(阿拉伯式)長袍

kostum banje

泳衣

rroba banje

男式泳褲

pantallona të shkurtra

短褲

tuta sporti

運動服

përparëse

圍裙

dorashka

手套

kopsë

鈕扣

syze

眼鏡

byzylyk

手鏈

gjerdan

項鍊

unazë

戒指

vath

耳環

kapuç

便帽

varëse për pallto

衣架

kapele

帽子

kravatë

領帶

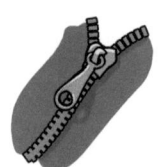

zinxhir

拉鍊

helmetë

安全帽

tiranda

背帶

uniformë shkolle

校服

uniformë

制服

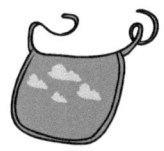

gushore

圍兜

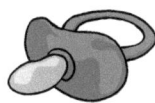

biberon

安撫奶嘴

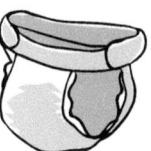

pelenë

尿布

zyrë

辦公室

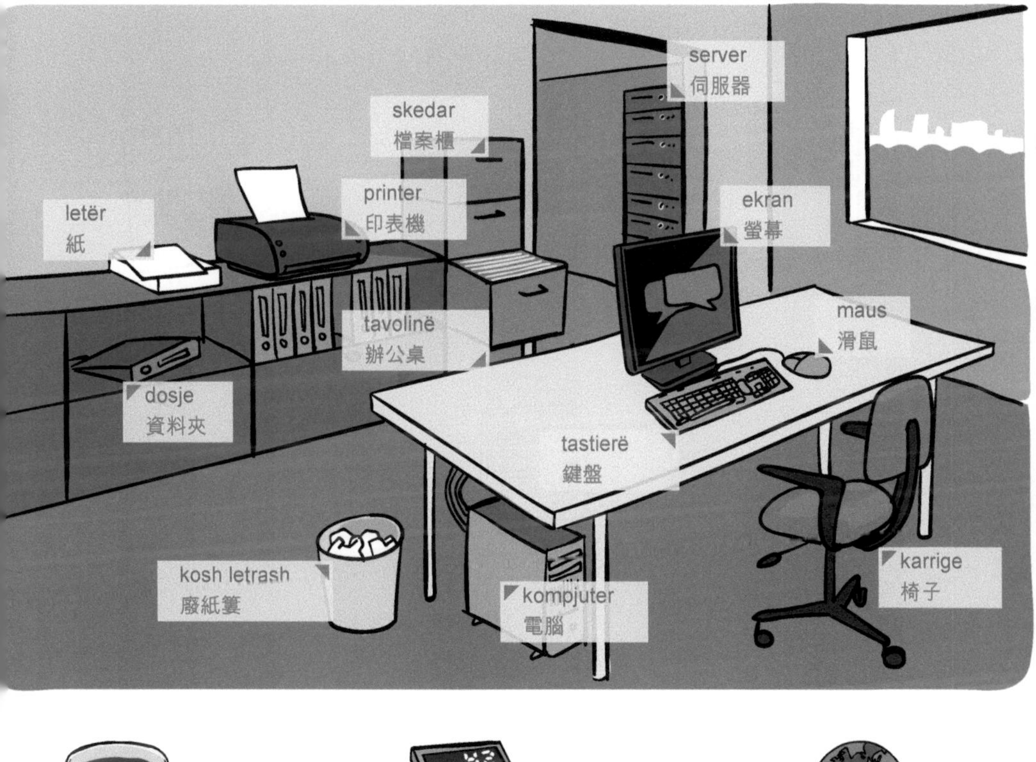
server
伺服器
skedar
檔案櫃
printer
印表機
letër
紙
ekran
螢幕
maus
滑鼠
tavolinë
辦公桌
dosje
資料夾
tastierë
鍵盤
karrige
椅子
kosh letrash
廢紙簍
kompjuter
電腦

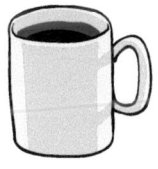

filxhan kafeje

咖啡杯

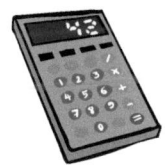

makinë llogaritëse

計算機

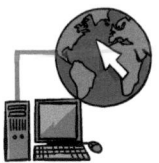

internet

網際網路

kompjuter portativ

筆記型電腦

letër

信件

mesazh

簡訊

telefon

行動電話

rrjet

網路

fotokopje

影印機

program

軟體

telefon

電話

prizë

插座

pajisje faksi

傳真機

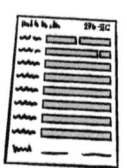

formular

表格

dokument

檔案

blej

買

paguaj

付錢

tregtoj

交易

para

現金

dollar

美元

euro

歐元

jen

日元

rubla

盧布

franga zvicerane

瑞士法郎

juani kinez

人民幣

rupje

盧比

bankomat

提款處

pikë këmbimi valutor

外幣兌換處

ar

金

argjend

銀

nafta

石油

energji

能源

çmim

價格

kontratë

合約

taksë

稅金

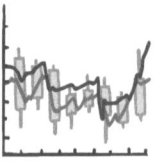

aksione

股票

punoj

工作

punonjës

職員

punëdhënës

老闆

fabrikë

工廠

dyqan

商店

profesionet
職業

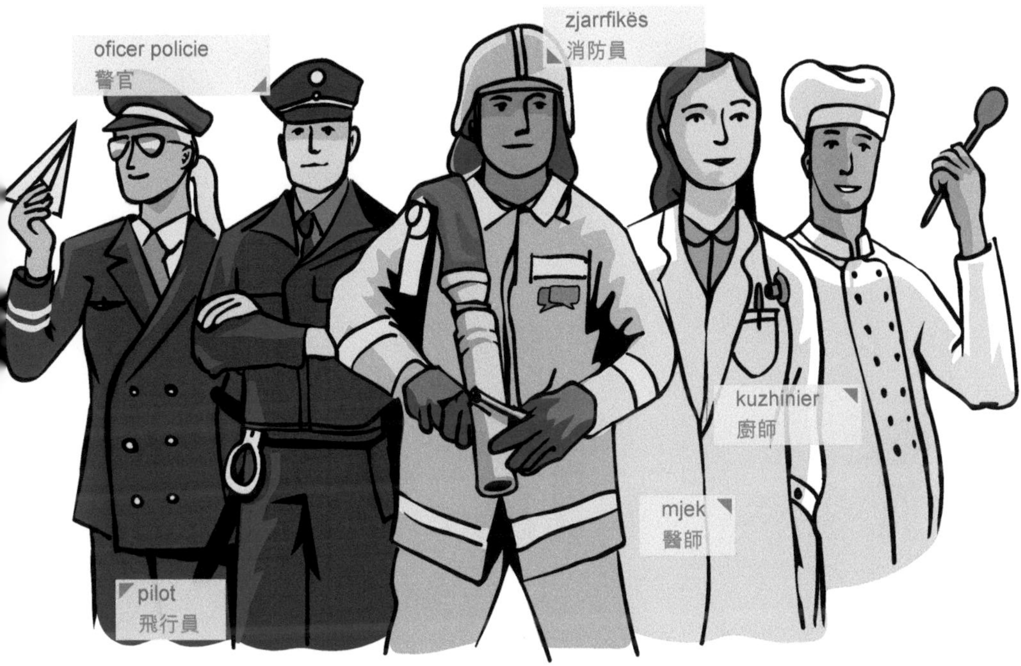

oficer policie
警官
zjarrfikës
消防員
kuzhinier
廚師
mjek
醫師
pilot
飛行員

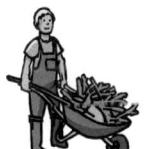

kopshtar

園丁

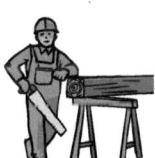

marangoz

木匠

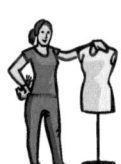

rrobaqepëse

裁縫

gjykatës

法官

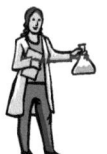

kimist

化學家

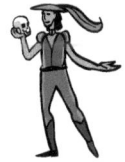

aktor

演員

shofer autobuzi

公車司機

taksist

計程車司機

peshkatar

漁夫

pastruese

清洗女工

riparues çatish

屋頂工

kamarier

服務生

gjuetar

獵人

piktor

畫家

furrxhi

麵包師

elektriçist

電工

ndërtues

建築工人

inxhinier

工程師

kasap

屠夫

hidraulik

水管工

postieri

郵差

ushtar

士兵

arkitekt

建築師

arkëtar

收銀員

luleshitës

花農

berber

理髮師

kontrollor

售票員

mekanik

機械技師

kapiten

船長

dentist

牙醫

shkencëtar

科學家

rabin

拉比

imam

伊瑪目

murg

和尚

klerik

牧師

mjete
工具

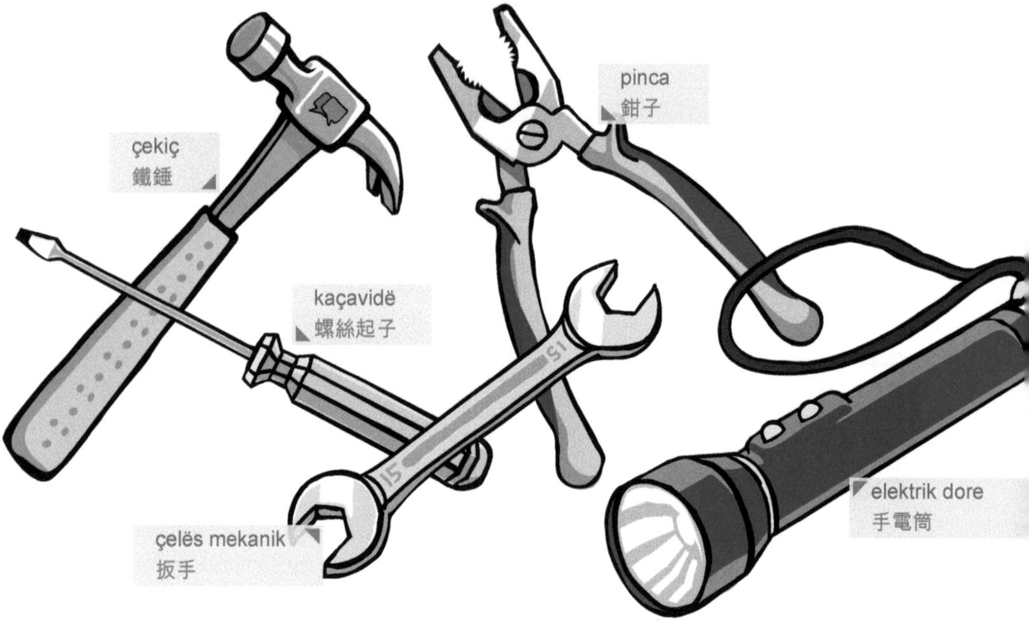

pinca
鉗子
çekiç
鐵錘
kaçavidë
螺絲起子
elektrik dore
手電筒
çelës mekanik
扳手

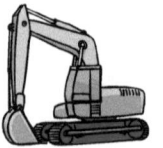

ekskavator

挖掘機

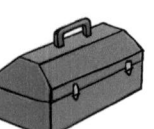

kuti veglash

工具箱

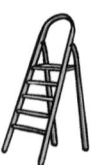

shkallë

梯子

sharrë

鋸子

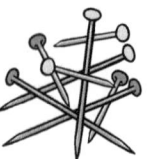

gozhdë

釘子

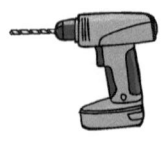

trapan

鑽機

riparoj

修

lopatë

鏟子

Dreq!

糟糕！

kaci

畚箕

kuti boje

油漆桶

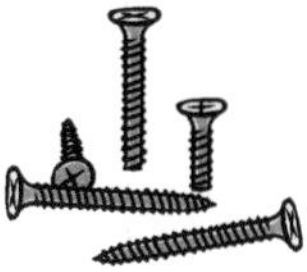

vidhë

螺絲

instrumenta muzikorë

樂器

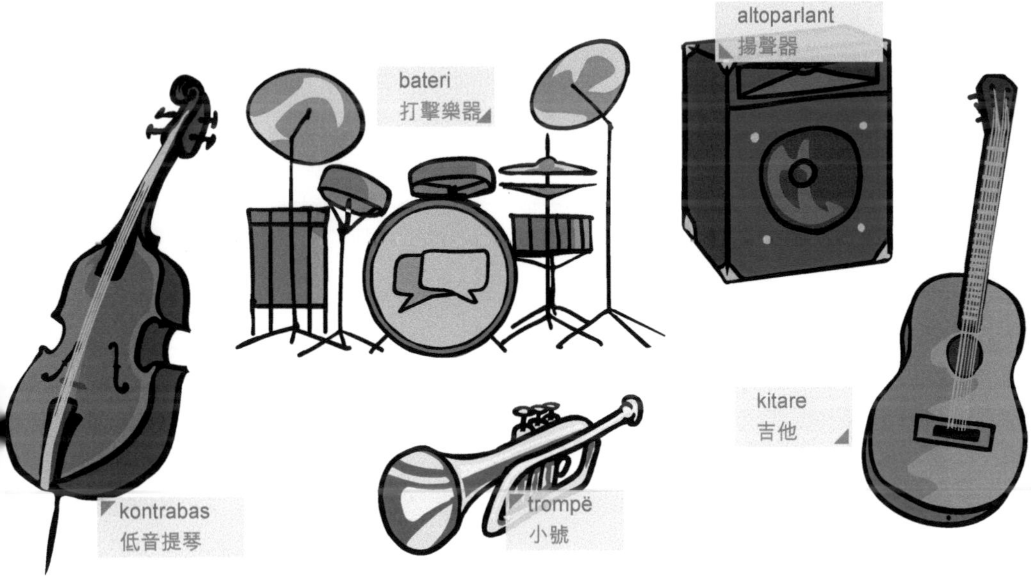

altoparlant
揚聲器

bateri
打擊樂器

kitare
吉他

kontrabas
低音提琴

trompë
小號

piano

鋼琴

violinë

小提琴

bas

貝斯

tamburë

定音鼓

daulle

鼓

tastierë pianoje

電子琴

saksofon

薩克斯風

flaut

長笛

mikrofon

麥克風

kopsht zoologjik
動物園

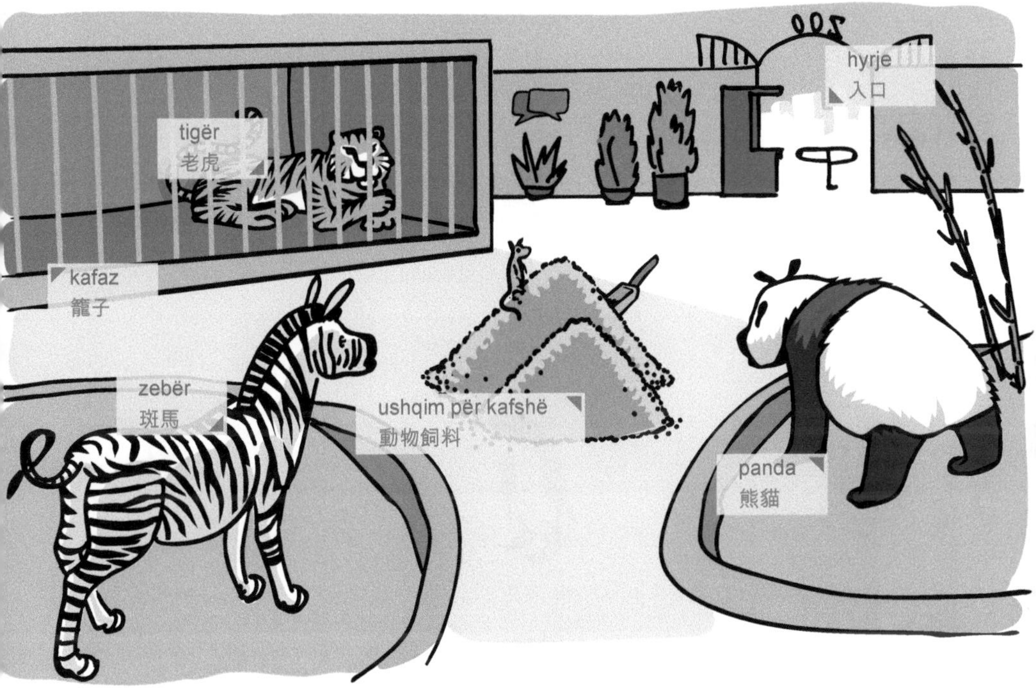
hyrje
入口
tigër
老虎
kafaz
籠子
zebër
斑馬
ushqim për kafshë
動物飼料
panda
熊貓

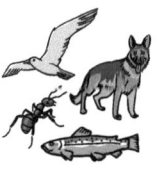

kafshë

動物

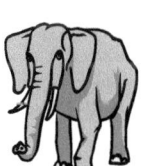

elefant

大象

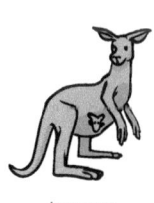

kangur

袋鼠

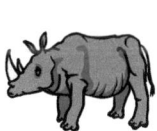

rinoceront

犀牛

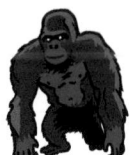

gorillë

大猩猩

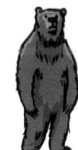

ari

熊

deve

駱駝

struc

鴕鳥

luan

獅子

majmun

猴子

flamingo

紅鶴

papagall

鸚鵡

ari polar

北極熊

pinguin

企鵝

peshkaqen

鯊魚

pallua

孔雀

gjarpër

蛇

krokodil

鱷魚

punonjës i kopshtit zoologjik

動物園管理員

fokë

海豹

xhaguar

美洲豹

poni

矮種馬

leopard

豹

hipopotam

河馬

gjirafë

長頸鹿

shqiponjë

老鷹

derr i egër

野豬

peshk

魚

breshkë

龜

lopë deti

海象

dhelpër

狐狸

gazelë

羚羊

futboll amerikan
橄欖球

çiklizëm
騎腳踏車

tenis
網球

basketboll
籃球

not
游泳

boks
拳擊

hokej mbi akull
冰球

futboll
美式足球

badminton
羽毛球

atletikë
田徑

hendboll
手球

ski
滑雪

polo
馬球

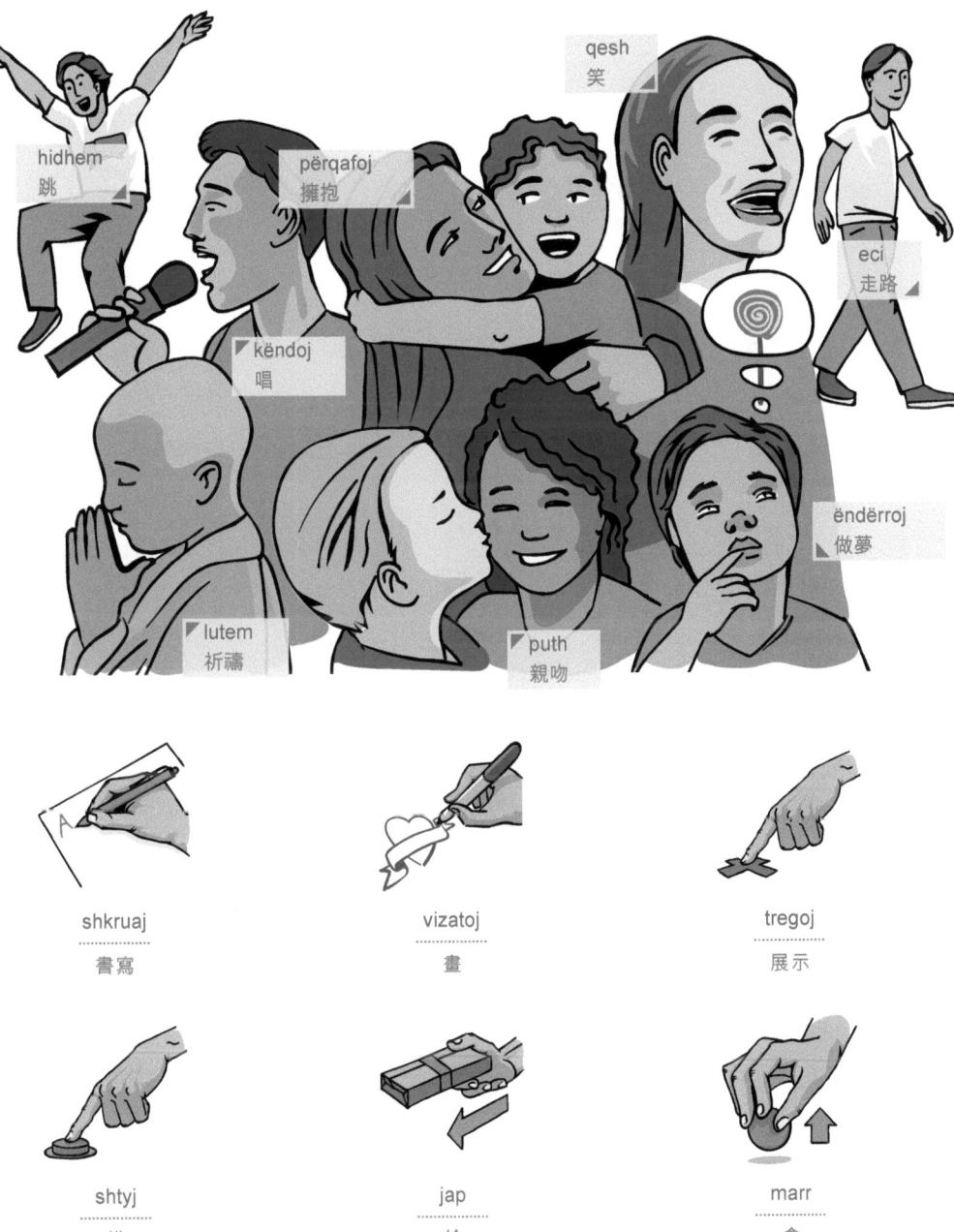

hidhem
跳

qesh
笑

përqafoj
擁抱

eci
走路

këndoj
唱

ëndërroj
做夢

lutem
祈禱

puth
親吻

shkruaj

書寫

vizatoj

畫

tregoj

展示

shtyj

推

jap

給

marr

拿

kam

有

bëj

做

jam

當

qëndroj

站

vrapoj

跑

tërheq

拉

hedh

丟

bie

摔倒

shtrihem

躺

pres

等待

mbaj

攜帶

ulem

坐

vishem

穿衣

fle

睡覺

zgjohem

醒來

shikoj

看

qaj

哭

përkëdhel

擊

kreh

梳頭

bisedoj

交談

kuptoj

明白

kërkoj

問

dëgjoj

聽

pi

喝

ha

吃

sistemoj

清理

dashuroj

愛

gatuaj

做飯

drejtoj makinën

開車

fluturoj

飛

aktivitet - 活動

lundroj

航行

llogaris

計算

lexoj

讀

mësoj

學習

punoj

工作

martohem

結婚

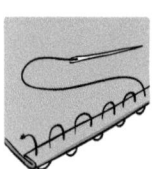

qep

縫

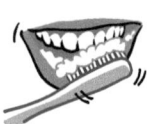

laj dhëmbët

刷牙

vras

殺

tymos

抽菸

dërgoj

寄

gjyshe
祖母

gjysh
祖父

baba
父親

nënë
母親

bebe
嬰兒

vajzë
女兒

djalë
兒子

mysafir

客人

teze, hallë

阿姨

dajë, xhaxha

叔叔

vëlla

兄弟

motër

姐妹

trupi
身體

balli
前額
syri
眼睛
shpatulla
肩膀
gishti
手指
fytyra
臉
mjekra
下巴
dora
手
kërnba
腿
krahërori
乳房
krahu
手臂

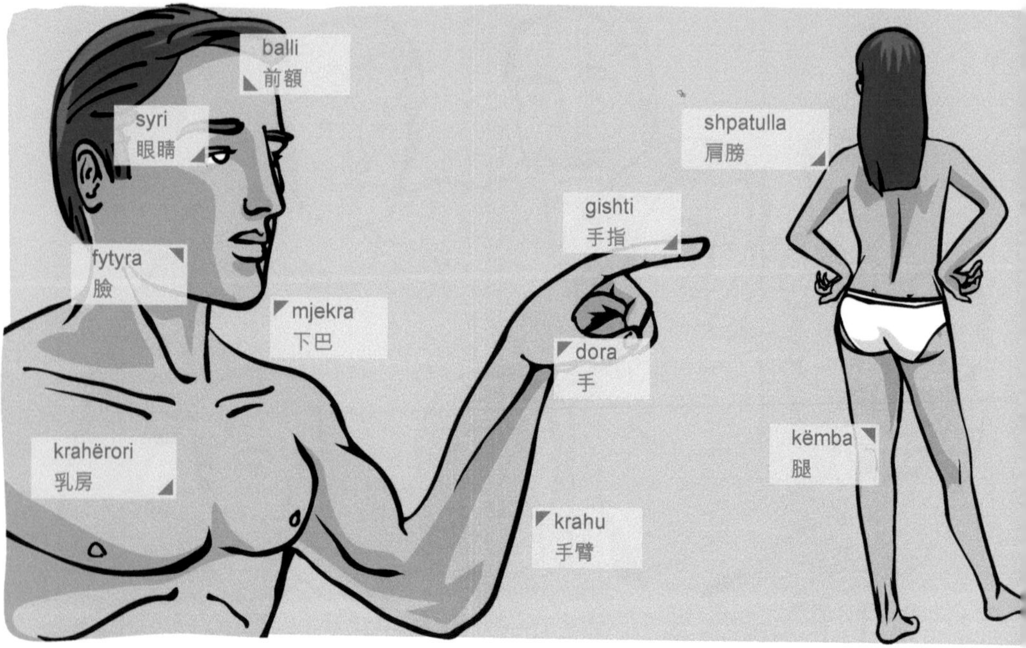

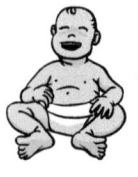

bebe

嬰兒

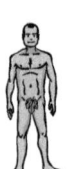

burrë

男人

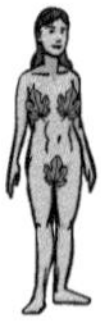

grua

女人

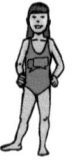

vajzë

女孩

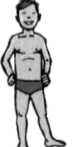

djalë

男孩

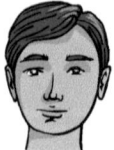

koka

頭

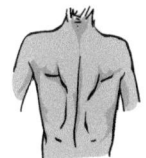

shpina

背部

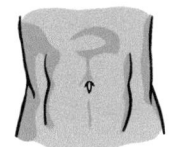

barku

肚子

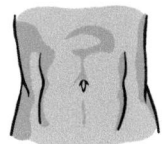

kërthiza

肚臍

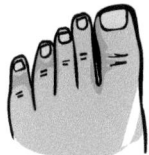

gisht këmbe

腳趾

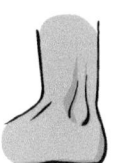

Thembra

腳後跟

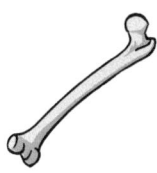

kockë

骨頭

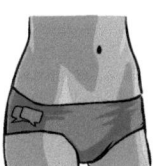

legeni

臀部

gjuri

膝蓋

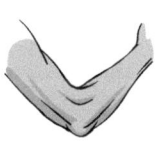

bërryli

手肘

hunda

鼻子

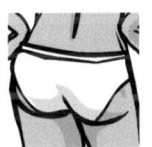

vithe

屁股

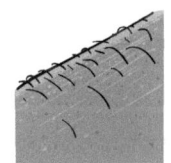

lëkura

皮膚

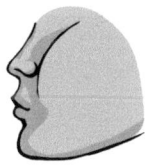

faqja

臉頰

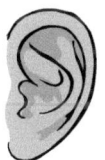

veshi

耳朵

buza

嘴唇

goja

嘴

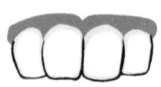

dhëmbët

牙齒

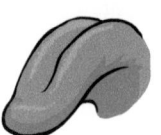

gjuha

舌頭

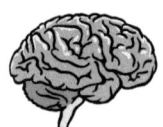

truri

腦

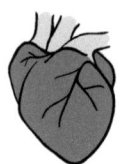

zemra

心臟

muskul

肌肉

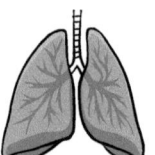

mushkëria

肺

mëlçia

肝臟

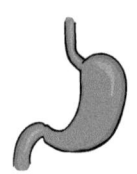

stomaku

胃

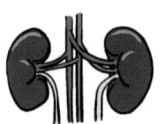

veshka

腎臟

seks

性交

prezervativ

保險套

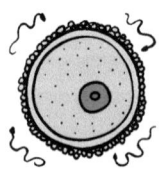

veza

卵子

sperma

精子

shtatëzani

懷孕

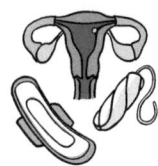

menstruacione

月事

vagina

陰道

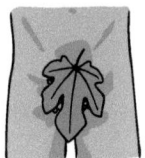

penis

陰莖

vetulla

眉毛

flokët

頭髮

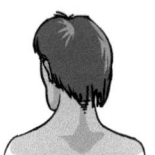

qafa

脖子

trupi - 身體

71

spital
醫院

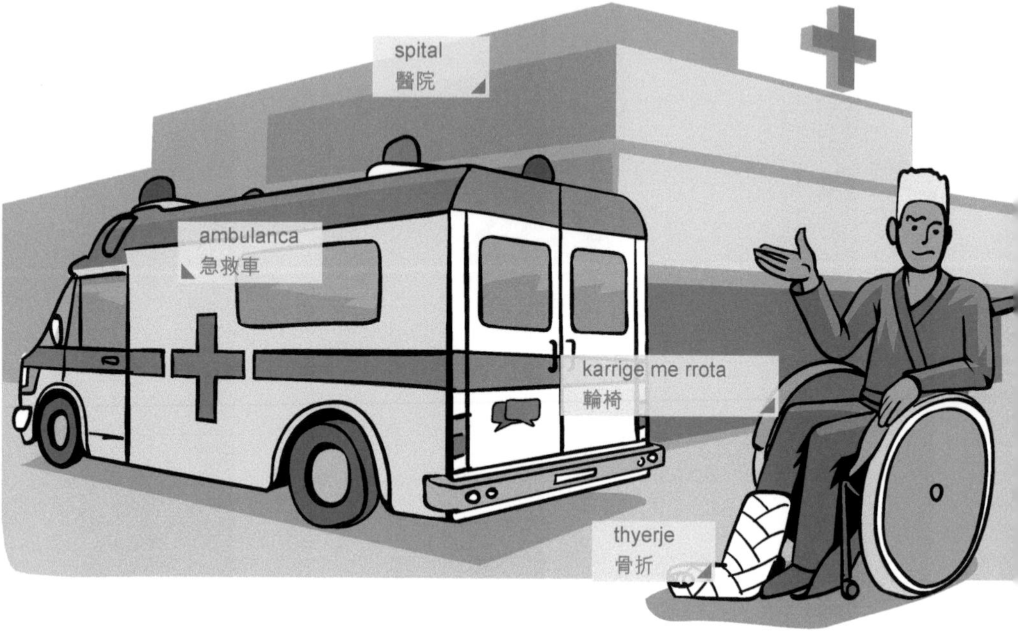

spital
醫院
ambulanca
急救車
karrige me rrota
輪椅
thyerje
骨折

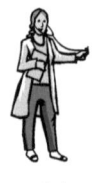

mjek
醫師

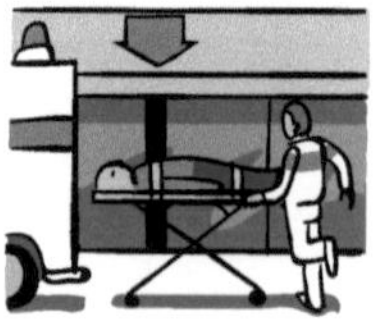

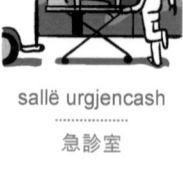

sallë urgjencash
急診室

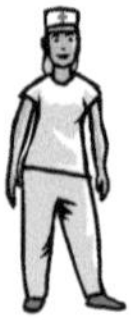

infermiere
護理師

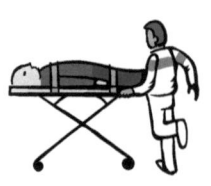

emergjencë
緊急情形

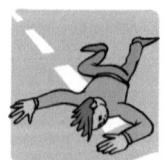

i pandërgjegjshëm
昏迷

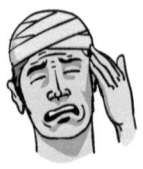

dhimbje
痛

dëmtim

受傷

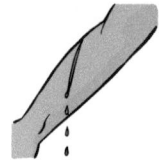

gjakosje

出血

infarkt

心臟病發作

goditje

中風

alergji

過敏

kolla

咳嗽

ethe

發燒

grip

流感

diarre

腹瀉

dhimbje koke

頭痛

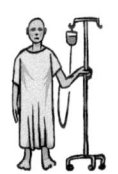

kancer

癌症

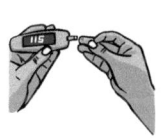

diabet

糖尿病

kirurg

外科醫師

bisturi

手術刀

operacion

手術

CT (skaner)

電腦斷層掃描

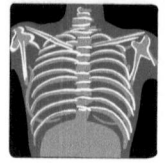

radiografi

X光

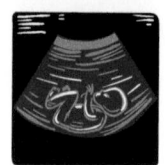

ultratingull

超音波

maskë fytyre

口罩

sëmundje

疾病

dhomë pritjeje

候診室

paterica

拐杖

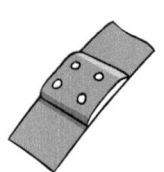

leukoplast

石膏

fasho

繃帶

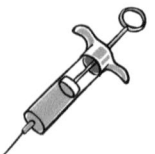

injeksion

注射

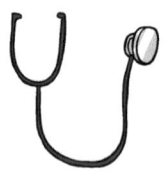

stetoskop

聽診器

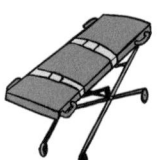

barelë

擔架

termometër

體溫計

lindje

出生

mbipeshë

超重

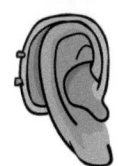

aparat dëgjimi

助聽器

dezinfektant

消毒液

infeksion

感染

virus

病毒

HIV / AIDS

愛滋病

mjekësi, mjekim

藥物

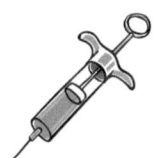

vaksinim

接種疫苗

tableta

藥片

pilulë

藥丸

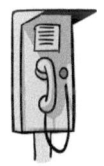

telefonatë emergjence

急救電話

aparat tensioni

血壓計

i sëmurë / i shëndetshëm

生病/健康

spital - 醫院

alarm

警報

sulm

突擊

Ndihmë!

救命！

atak

攻擊

rrezik

危險

dalje emergjence

緊急出口

fikëse zjarri

滅火器

aksident

意外

Zjarr!

失火了！

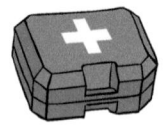

kuti e ndimës së shpejtë

急救箱

SOS

呼救訊號

policia

員警

Europa

歐洲

Amerika e Veriut

北美洲

Amerika e Jugut

南美洲

Afrika

非洲

Azia

亞洲

Australia

澳洲

Atlantiku

大西洋

Paqësori

太平洋

Oqeani Indian

印度洋

Oqeani Antarktik

南冰洋

Oqeani Arktik

北冰洋

Poli i veriut

北極

Poli i Jugut

南極

Antarktida

南極洲

toka

地球

tokë

陸地

det

海

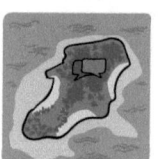

ishull

島

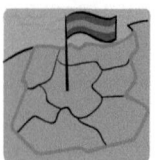

komb

國家

shtet

州

fusha e orës

錶盤

akrepi i orës

時針

akrepi i minutave

分針

akrepi i sekondave

秒針

Sa është ora?

現在幾點？

ditë

天

kohë

時間

tani

現在

orë dixhitale

電子錶

minutë

分

orë

時

javë
週

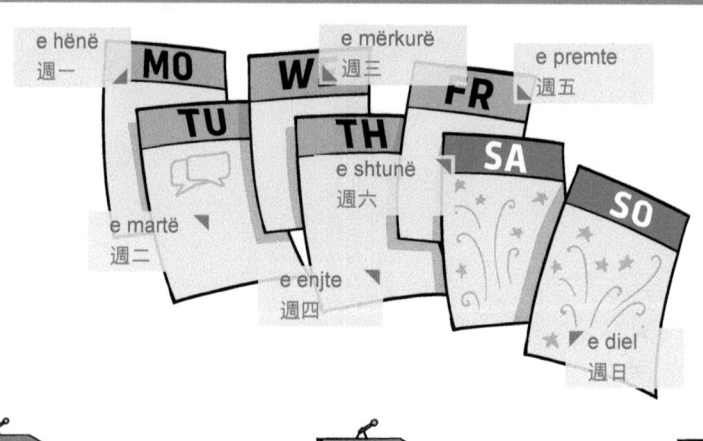

e hënë 週一	MO		W	e mërkurë 週三		FR	e premte 週五
	TU		TH		SA		
e martë 週二		e shtunë 週六		SA		SO	
	e enjte 週四					e diel 週日	

dje

昨天

sot

今天

nesër

明天

mëngjes

早晨

mesditë

中午

mbrëmje

晚上

ditë pune

工作日

fundjavë

週末

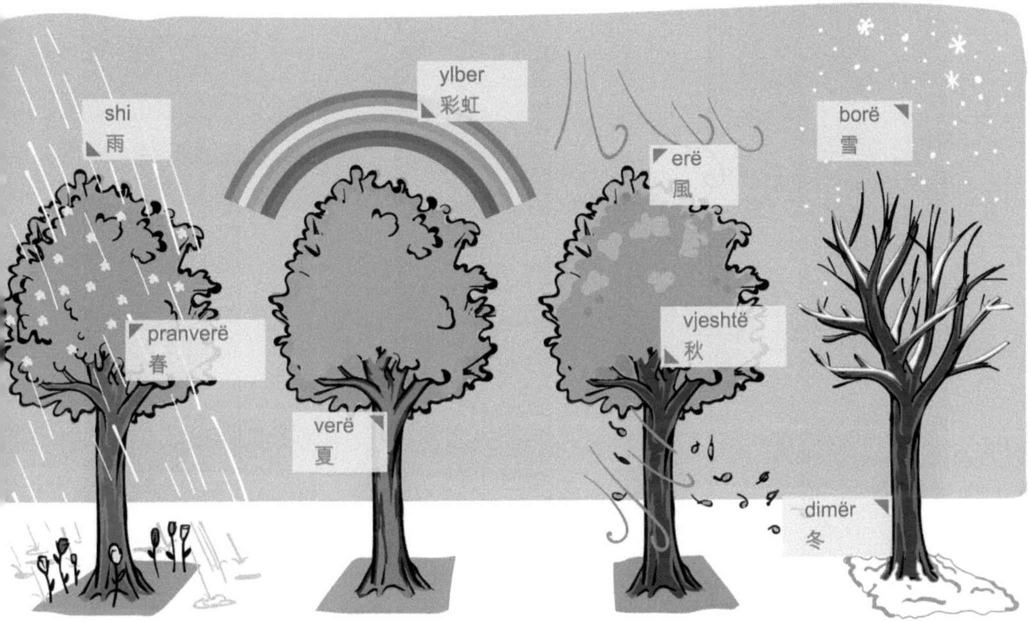

shi
雨
ylber
彩虹
borë
雪
erë
風
pranverë
春
vjeshtë
秋
verë
夏
dimër
冬

4.APRIL 11°
5.APRIL 4°
6.APRIL 13°
7.APRIL 8°
8.APRIL 10°

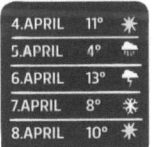

parashikimi i motit

天氣預告

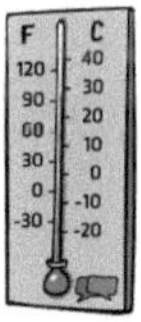

F C

termometër

溫度計

ndriçim dielli

陽光

re

雲

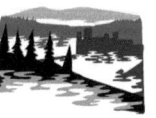

mjegull

霧

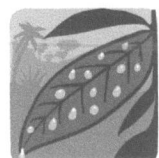

lagështi

潮濕

vetëtima

閃電

gjëmim

打雷

stuhi

風暴

breshër

冰雹

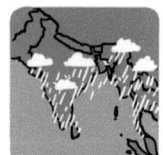

muson

季風

përmbytje

洪水

akull

冰

janar

一月

shkurt

二月

mars

三月

prill

四月

maj

五月

qershor

六月

korrik

七月

gusht

八月

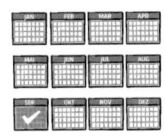

shtator

九月

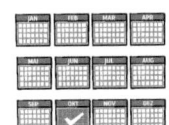

tetor

十月

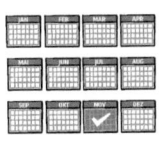

nëntor

十一月

dhjetor

十二月

forma

形狀

rreth

圓形

katror

正方形

drejtkëndësh

長方形

trekëndësh

三角形

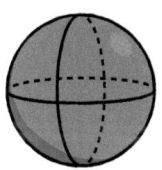

sferë

球體

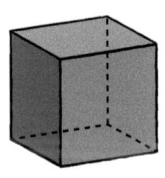

kub

立方體

e bardhë

白

e verdhë

黃

portokalli

橙

rozë

粉

e kuqe

紅

vjollcë

紫

blu

藍

e gjelbër

綠

kafe

棕

gri

灰

e zezë

黑

shumë / pak

很多/少許

i nevrikosur / i qetë

生氣/平靜

i bukur / i shëmtuar

美/醜

fillim / fund

首/尾

i madh / i vogël

大/小

i ndritshëm / i errët

明/暗

vëlla / motër

兄弟/姐妹

e pastër / e pistë

乾淨/骯髒

e plotë / jo e plotë

完整/缺失

ditë / natë

白天/晚上

gjallë / vdekur

死/生

i gjerë / i ngushtë

寬/窄

i ngrënshëm / i pangrënshëm

可食用/非食用

i keq / i këndshëm

邪惡/善良

i lumtur / i mërzitur

興奮/無聊

i shëndoshë / i dobët

胖/瘦

e para / e fundit

第一/最後

mik / armik

朋友/敵人

plot / bosh

滿/空

e fortë / e butë

硬/軟

e rëndë / e lehtë

重/輕

uri / etje

餓/渴

i sëmurë / i shëndetshëm

生病/健康

e paligjshme / e ligjshme

非法/合法

i zgjuar / budalla

聰明/愚笨

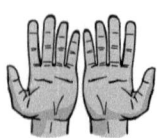

majtas / djathtas

左/右

afër / larg

近/遠

e re / e përdorur

新/舊

asgjë / diçka

沒有/有些

i moshuar / i ri

老/幼

ndezur / fikur

開/關

hapur / mbyllur

打開/闔上

i qetë / i zhurmshëm

安靜/吵鬧

i pasur / i varfër

富/窮

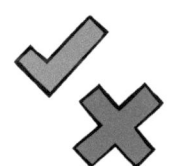

e drejtë / e gabuar

對/錯

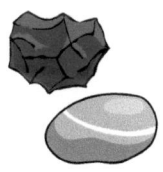

i ashpër / i butë

粗糙/光滑

i mërzitur / i lumtur

傷心/高興

i shkurtër / i gjatë

短/長

ngadalë / shpejt

慢/快

i lagësht / i thatë

濕/乾

ngrohtë / freskët

溫暖/涼爽

luftë / paqe

戰爭/和平

0

zero

零

1

një

一

2

dy

二

3

tre

三

4

katër

四

5

pesë

五

6

gjashtë

六

7

shtatë

七

8

tetë

八

9

nentë

九

10

dhjetë

十

11

njëmbëdhjetë

十一

12

dymbëdhjetë

十二

13

trembëdhjetë

十三

14

katërmbëdhjetë

十四

15

pesëmbëdhjetë

十五

16

gjashtëmbëdhjetë

十六

17

shtatëmbëdhjetë

十七

18

tetëmbëdhjetë

十八

19

nentëmbëdhjetë

十九

20

njëzetë

二十

100

qind

百

1.000

mijë

千

1.000.000

milion

百萬

anglisht
英語

anglishte amerikane
美式英語

kinezisht mandarin
普通話

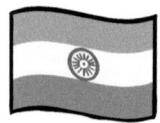

hindi
印地語

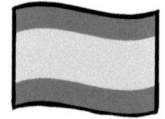

spanjisht
西班牙語

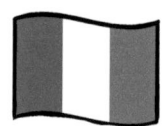

frëngjisht
法語

arabisht
阿拉伯語

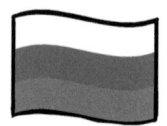

rusisht
俄語

portugalisht
葡萄牙語

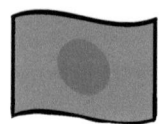

bengalisht
孟加拉語

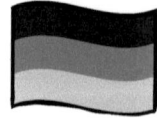

gjermanisht
德語

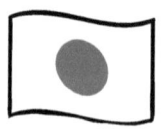

japonisht
日語

une

我

ti

你

ai / ajo

他/她/它

ne

我們

ju

你們

ata

他們

kush?

誰？

çfarë?

什麼？

si?

如何？

ku?

何處？

kur?

何時？

emër

名字

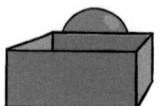

pas

後面

në

裡面

përballë

前面

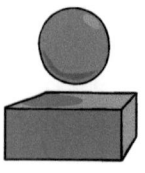

sipër

上方

mbi

上面

poshtë

下麵

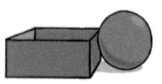

pranë

旁邊

midis

中間

vend

地點